叮咚！你在嗎？

網路是我的家

學習手冊

文／孟瑛如、王銘涵

本學習手冊可單獨添購
意者請洽本公司

心理出版社

U0065241

作者簡介

孟瑛如 新竹教育大學特殊教育學系教授。希望「融合之愛系列」繪本能讓大家看見孩子的特殊學習需求，讓孩子可以做最好的自己。

王銘涵 桃園市幸福國中特教老師。因為與特殊需求孩子結緣而感到喜樂，又常常因為特殊需求孩子被周遭的人們誤解而難受。期盼藉由「融合之愛系列」繪本，能讓大眾同理、尊重、包容與接納，讓特殊需求孩子也能自在生活與學習。

目 錄

編輯緣由

　　曾幾何時，走在路上，看不到身旁走過的人們臉孔，只看到大家低頭忙著滑手機；搭乘火車時，不再是喧譁的車廂，乘客們只是低頭不聲不響地滑手機；午休時間訓練學生使用電腦，學生都忙著打開臉書拼命按讚，非得老師下令禁止才開始正式練習。我們的世界因為資訊產品的快捷發展，在各方面都面臨過去從未想像過的變革！

　　六年前，筆者遇到一個令人印象深刻的個案，因網路成癮無法到校上學，普通班導師與家長求助時，孩子已是中輟狀態，每天守著電腦，三餐由媽媽送到電腦桌前，若沒送三餐就不吃，甚至連上廁所都由媽媽在電腦桌旁準備一個小垃圾桶解決，孩子一離開電腦就會情緒失控，若家人阻止他使用電腦就暴力相向。當時，學校針對個案成立一個小組協助處理，甚至有警力與醫療支援，但因家長在家無法有效管控電腦使用時間，再加上學生到校後，對課業學習產生無力感，與同學相處也產生疏離感，所以畢業前仍未能有效解決個案網路成癮與到校適應的問題。筆者回頭省思當時處理整個事件的過程，察覺有許多部分可以做得更有系統，例如：先在班級中做個案回校適應的宣導，讓個案回校上課時，能有溫暖與有效的支持；學生因長期未到校造成課業成就低下，應及時提供補救教學或課業調整，以避免產生嚴重挫折感等。因此，希望這本學習手冊，能引導有特殊需求的學生明白如何尋求協助，而同儕、老師與家長也能懂得如何有效引導孩子正確使用網路，駕馭網路而非役於網路。

　　目前學校系統已經有針對「網路成癮」問題做一系列宣導與防治，希望老師／學生／家長能藉由宣導認識網路成癮，進而察覺網路成癮的高危險群，提早介入與防治，讓大家正確且適時應用網路資源充實生活，也能同時保有身心靈健康享受生活。

　　本學習手冊的目的就在於能協助普通班導師、學生、及家長，藉由生活中孩子所透露的訊息，去同理、包容、尊重與接納他們，進而協助其擺脫過度使用網路的習性，逐漸能正確且適量使用網路，並回歸正規生活與學習。本學習手冊中呈現許多過度使用網路可能出現的行為特徵，師長們可以透過觀察後依其需求，引導孩子藉由學習手冊增加對過度使用網路的理解，再透過引導單的練習與示範，找尋適合個案的輔導模式與策略。

　　本學習手冊建議的使用流程如下：

本學習手冊使用說明

學校平時可先以繪本配合網路成癮相關影片或簡報針對全校師生及家長宣導，增進其相關知能及提升警覺性，能在初期察覺問題，就能盡快協助疑似網路成癮的學生，使其能正確使用網路資源或資訊產品。

當學生疑似網路成癮時，老師可以針對學生情況使用本書提供之引導單或智慧小錦囊，尋找最適合當下情境的引導單或策略使用。關於同儕篇的智慧小錦囊部分，則建議老師可以根據問題讓班級進行分組討論，將討論後且經老師修正過的技巧，讓學生適當演練後再推行；老師亦可找班級中數個個性穩定且適合的學生組成協助小組，利用課餘時間，就疑似網路成癮學生當下情境或問題做討論，老師再適時提供建議，而後可讓小組在班級中協助疑似網路成癮的同學。

導師篇與家長篇則是就師長所見所聞的具體事實，提醒疑似網路成癮的學生可能的問題，輔導老師可與老師和家長共同討論，進而提供建議。期間可以因應學生需求隨時調整以維持處理策略的一致性，也建議在個案適應行為良好後至少需有半年的追蹤期。

本學習手冊的引導單與智慧小錦囊只是建議，每個人都有其個別性與特殊性，老師／家長可視個案情形與支持資源做適性需求之修正與調整。

學習手冊架構表

叮咚！你在嗎？網路是我的家：學習手冊					
編輯緣由	隨著網路資訊的發達，人手一機是普遍現象，而跟隨來的各種後遺症，人們是否該思考要如何使用資訊科技，而不役於資訊科技。				
使用說明	可先引導學生閱讀繪本後，自我檢視平時使用手機／平板／電腦是否有超時的情況，思考若已達到危害身心靈健康時，該如何求助。				
繪本內容概述	藉由繪本點出現代人過度使用手機／平板／電腦造成身心靈的負面影響，主角自我覺察出個人困難處之後，進而求助師長解決問題。				

引導單					
使用對象	個案	同儕	家長	學校		
				導師	任課老師	輔導或特教
內容	自我覺察 （1-1）	認識特質 （2-1）	網路成癮宣導 （3-1）	蒐集資料 （4-1-1）	觀察學生 （4-2-1）	蒐集資料 （4-3-1）
	尋求協助 （1-2）	同理 （2-2）	親師合作 （3-2）	尋求協助 （4-1-2）	尋求協助 （4-2-2）	彙整資料 （4-3-2）
		支持與協助 （2-3）	回饋支持 （3-3）		課程作業調整 （4-2-3）	提供策略 （4-3-3）
						支持與協助 （4-3-4）
						追蹤 （4-3-5）
	智慧小錦囊（同儕篇、家長篇、導師篇）					

註：表格內的編號為引導單之編號。

自我檢視

基本資料

1. 姓名：＿＿＿＿＿＿＿＿＿＿＿＿＿＿＿＿＿

2. 性別：＿＿＿＿＿＿＿＿＿＿＿＿＿＿＿＿＿

3. 年級／班級：＿＿＿＿＿＿＿＿＿＿＿＿＿＿

4. 你每天使用網路的時間有多久？＿＿＿＿＿＿＿＿

過去一年來我的網路生活狀態出現下列行為是否超過五項或更多（請在下列□中做勾選）：

□ 1. 熱衷於網路遊戲。

□ 2. 當網路遊戲中斷時出現如：躁動、焦慮或沮喪等情緒。

□ 3. 花費更多的時間在網路遊戲上。

□ 4. 反覆努力想要控制或停止網路遊戲之使用卻徒勞無功。

□ 5. 因為網路遊戲的使用，失去過往的生活常規或休閒興趣。

□ 6. 明知過度使用網路遊戲會產生心理社會問題，仍然繼續使用。

□ 7. 對家人、師長或其他人欺瞞自己使用網際網路遊戲的情況。

□ 8. 常使用網路遊戲來逃避或紓解低落的情緒。

□ 9. 因為網路遊戲的過度使用而危及或失去重要的人際關係、職業或學業等。

（本檢視要項參考 DSM-5 的標準）

我的檢視結果

□ 0～4 個回答為「是」，表示目前我使用網路狀況正常。

□ 5～9 個回答為「是」，表示目前我使用網路狀況有網路成癮之疑慮，需要進一步進行量表的篩檢與診斷，我可能需要尋求協助。

尋求協助

若發現自己可能有過度使用網路造成身心靈健康負面影響時，可以試著尋求以下管道協助自己正確且適宜地使用網路。

父母	導師	輔導老師
可以與家長討論後，由家長協助督導網路使用狀況。	可以藉由聯絡簿等管道與導師討論，共同商議適度使用網路。	可與輔導老師聯繫，預約約談時間。

認識網路成癮
（可至輔導室借用相關宣導影片或簡報）

網路成癮問題相關資源

台灣心理諮商資訊網　www.heart.net.tw

台灣網路成癮輔導網　iad.heart.net.tw

iWIN 網路內容防護機構　www.ticrf.org.tw

中小學網路素養與認知　eteacher.edu.tw/Desktop.aspx

陽明高中網路成癮輔導部落格　tea.ymsh.tp.edu.tw/blog/354

嘉義縣友善校園網路諮詢站　www.ptjhs.cyc.edu.tw/life

網路成癮問題諮詢機構

台灣網路成癮輔導網　iad.heart.net.tw/rgbook.php?action=list

白絲帶關懷協會　www.cyberangel.org.tw/tw/33931885

有愛無礙　www.dale.nhcue.edu.tw

國立彰化師範大學社區心理諮商及潛能發展中心（服務項目→服務內容→個別諮商）

　　　human.ncue.edu.tw/

張老師基金會 1980 專線

感同身受

在網路成癮宣導影片與簡報中，我看到或聽到什麼？

我的感想是……

班上目前是否有同學正因為過度使用網路嚴重影響生活與學習？我觀察他之後，發現了什麼？

我的感想是……

與你同行

網路成癮者在生活與學習上，會遭遇到哪些困境？

我覺得我可以提供網路成癮者哪些協助？

網路成癮宣導

給家長的一封信

親愛的家長您好：

　　隨著資訊環境的發達，學生網路成癮或依賴的情況日益普遍，在家中的行為管理是不可或缺的一環。

　　觀察孩子在家是否沉迷網路？大致上可以從下列幾點著手：

1. 每日使用電腦時間在一小時以下。
2. 生活作息能保持正常。
3. 使用電腦從事活動之內容正常。
4. 情緒保持穩定。

　　若察覺孩子過度使用網路，可藉由**生活細節的調整**，讓孩子感受到自己的上網行為是受到關注及約束的，進一步幫助孩子建立安全的上網習慣。

輔導目標

1. 不是戒除上網，是要合理、控制上網。
2. 不是排除網路，是要平衡、統整網路與真實的世界。

小良方

1. 電腦／手機放置的位置，在睡覺或讀書時，是否能「隔離」。
2. 訂定上網規則：如使用時段與時間長短等。
3. 留意孩子使用網路的習慣與行為，適時教導其網路安全常識。
4. 多安排全家適宜的休閒活動，如出遊等。

　　若孩子已經**網路成癮且嚴重影響就學**，家長可以彙整孩子在家使用網路的狀況及其生活、健康等資料，向學校輔導室或醫療單位尋求協助。

　　敬祝　　闔家安康

輔導室　敬上

電話：＿＿＿＿＿＿＿＿

親師合作

親師合作規劃表

我的孩子：＿＿＿＿＿＿＿＿＿＿（姓名）

目前就讀：＿＿＿＿＿＿＿＿＿＿（學校名稱）

年級／班級：＿＿＿＿＿＿＿＿＿＿

目前導師：＿＿＿＿＿＿＿＿＿＿（姓名）

導師任教科目：＿＿＿＿＿＿＿＿＿＿

導師是：□專任　□代理代課

學校是否有輔導室編制？＿＿＿＿＿＿＿＿

學校是否有專任輔導老師編制？＿＿＿＿＿＿＿＿

當我遇到困惑時，學校可提供服務與聯繫的單位與人員：＿＿＿＿＿＿＿＿＿＿

聯繫電話：＿＿＿＿＿＿＿＿＿＿

回饋與支持

學校老師曾提供的服務與建議：

施行後的結果：

建議：

蒐集資料

親師聯繫

學生姓名：＿＿＿＿＿＿＿＿＿＿＿＿

訪談對象：＿＿＿＿＿＿＿＿＿＿＿＿

與家長聯繫確認學生最近一學期的網路使用狀況：

網路使用時段：＿＿＿＿＿＿＿＿＿＿＿

每日使用網路總時數：＿＿＿＿＿＿＿＿＿＿

家中電腦擺放位置：＿＿＿＿＿＿＿＿＿＿

學生網路使用內容：

☐網路遊戲　☐聊天室或即時通　☐電子郵件　☐看新聞　☐臉書　☐下載檔案

☐搜尋資訊　☐其他：＿＿＿＿＿＿＿＿＿＿＿＿＿＿＿＿＿

若學生疑似有「過度使用網路或 3C 產品，已影響其生活與學習者」之疑慮，可約家長到校深談。

尋求協助

觀察班上學生疑似有網路成癮疑慮者，可先蒐集以下資料後，轉介學生至輔導室。

在校表現

☐ 學生出缺席紀錄

☐ 學生在校上課表現（如：成績穩定度、上課精神等）

☐ 學生情緒狀況

☐ 學生與同儕相處狀況

☐ 其他

在家狀況

學生近一年的網路使用狀況：

☐ 網路使用時段：＿＿＿＿＿＿＿＿＿＿

☐ 每日使用網路總時數：＿＿＿＿＿＿＿＿＿＿

☐ 家中電腦擺放位置：＿＿＿＿＿＿＿＿＿＿

☐ 學生網路使用內容：＿＿＿＿＿＿＿＿＿＿

　　☐ 網路遊戲　☐ 聊天室或即時通　☐ 電子郵件　☐ 看新聞　☐ 臉書　☐ 下載檔案

　　☐ 搜尋資訊　☐ 其他：＿＿＿＿＿＿＿＿＿＿＿＿＿＿

☐ 其他

蒐集觀察學生上課／評量／作業繳交的狀況

目前任教：＿＿＿＿＿＿＿＿＿＿＿（科目）

接觸該學生的時間：＿＿＿＿＿＿＿＿＿＿（指多久？至少三個月以上）

在上課／評量／作業繳交等方面，察覺學生疑似有下列情形：

尋求協助

網路成癮宣導後發現任教班級學生疑似有網路成癮者，可以依下列管道尋求協助。

校內	校外
• 班級導師 • 輔導室 • 學務處 • 專輔老師	• 各大專校院輔導與諮商或心理相關科系 • 各特教中心諮詢專線 • 各縣市心理衛生中心 • 警察局資訊警察 • 醫療單位

學生課程／作業調整

目前任教：＿＿＿＿＿＿＿＿＿＿＿＿（科目）

學生姓名：＿＿＿＿＿＿＿＿＿＿＿

學生目前在課程上或作業繳交的困難處：

經個案會議後，針對其現況所做的調整如下：

可蒐集網路成癮學生相關資料之管道

蒐集資料 管道	過去教育階段書面資料：如生活作息、使用網路史、情緒穩定度，包含輔導紀錄。
	過去教育階段師長的訪談：如生活作息、使用網路史、情緒穩定度，包含導師、任課老師、行政人員、健康中心校護與志工等。
	過去教育階段同儕訪談：如使用網路史、交友狀況，同年段不同班級同儕（國小時與該生友好者）、同班同儕、學生使用網路史等。
	家長訪談與資料蒐集：可詢問醫療史、過去教育階段教育史、家長期待、學生使用網路史、生活作息、與家人互動狀況等。
	輔導相關服務人員訪談：前一教育階段輔導老師、醫療單位等。
	其他：

彙整資料

學生姓名：＿＿＿＿＿＿＿＿＿＿＿＿

年級／班級：＿＿＿＿＿＿＿＿＿＿

彙整單位與人員：＿＿＿＿＿＿＿＿＿＿（建議單一窗口，不要讓學生或家長或老師感覺
被不同單位要求繳交類似的資料而感到厭煩，進而放棄求助）

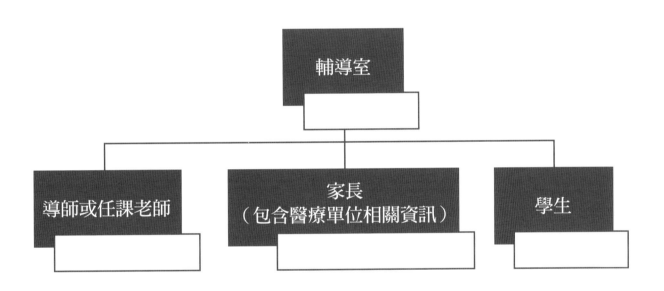

提供策略

學生姓名：＿＿＿＿＿＿＿＿＿＿

年級／班級：＿＿＿＿＿＿＿＿＿＿

目前是否已轉介其他相關單位求助（如醫療單位等）：＿＿＿＿＿＿＿＿＿＿

學生目前在校之生活與學習上所遭遇到的困難：

策略建議：

可召集個案／家長／導師／任課老師／輔導老師等召開個案會議決議之。

輔導老師可以提供之協助

可製成小卡發給導師或任課老師

生活輔導

心理輔導

親職輔導

諮詢服務

行政支援

整合服務
專業支援

追蹤

學生姓名：＿＿＿＿＿＿＿＿＿＿＿＿＿

年級／班級：＿＿＿＿＿＿＿＿＿＿＿＿

目前是否已轉介除了學校以外的其他協助單位（如醫療單位或資訊警察等）：

＿＿＿＿＿＿＿＿＿＿＿＿＿＿＿＿＿＿＿＿＿＿＿＿＿＿＿＿＿＿＿＿＿＿＿＿＿＿＿

服務時間至今（指本階段）：＿＿＿＿＿＿＿＿＿＿＿＿＿

接受服務內容（只需調整或輔導項目）：

目前適應狀況：

智慧小錦囊

❀ 同儕篇

🍄 叮嚀小語

　　隨著孩子年齡成長，他們愈來愈在乎同儕勝過於師長，因此本學習手冊借重同儕力量來幫助疑似網路成癮的學生，就同儕眼中所見的「具體事實」，讓學生到校不會感到疏離、孤單與挫折，進而讓師長能共同合作協助學生學會正確使用網路資源與資訊科技。

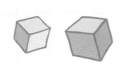

智慧小錦囊分類統整表

因過度使用網路影響課業與人際關係與生活作息或健康等等			
智慧小錦囊 1	智慧小錦囊 2	智慧小錦囊 3	智慧小錦囊 4
智慧小錦囊 10	智慧小錦囊 13	智慧小錦囊 16	智慧小錦囊 19
智慧小錦囊 20	智慧小錦囊 24	智慧小錦囊 25	智慧小錦囊 28
智慧小錦囊 29			

曾經嘗試想要減少使用網路時間，卻總是徒然無功		
智慧小錦囊 5	智慧小錦囊 15	智慧小錦囊 27

喜愛網路活動，網路是生活中的一切			
智慧小錦囊 6	智慧小錦囊 7	智慧小錦囊 9	智慧小錦囊 12
智慧小錦囊 14	智慧小錦囊 17	智慧小錦囊 23	智慧小錦囊 26

不管他人或自己企圖去減少或停止使用網路時，我就會覺得心情不穩定、煩躁、沮喪或急躁易怒			
智慧小錦囊 8	智慧小錦囊 21	智慧小錦囊 22	智慧小錦囊 30

花費在網路上的時間比原先打算上網的時間還要長很多	
智慧小錦囊 11	智慧小錦囊 18

智慧小錦囊 1

情境描述 因為常常缺課，以至於上課時感到無力感。

小錦囊 當同學遇到上述狀況時，我可以嘗試這樣做……

如：我可以利用下課時間，找他一起複習課業。

智慧小錦囊 2

情境描述 因為過度使用網路，以至於生活作息大亂。

小錦囊 當同學遇到上述狀況時，我可以嘗試這樣做……

如：我可以睡覺前LINE他：「趕快去睡覺」，每天約他一起上學。

智慧小錦囊 3

情境描述 每天上網時間愈來愈長。

小錦囊 當同學遇到上述狀況時,我可以嘗試這樣做……

如:我可以找他出去打籃球或運動,避免他一直待在電腦前。

智慧小錦囊 4

情境描述 常因過度使用網路,導致上學遲到甚至缺課。

小錦囊 當同學遇到上述狀況時,我可以嘗試這樣做……

如:我可以LINE他或是打電話給他,聊聊班上有趣的事情或是分組任務,鼓勵他來上學。

智慧小錦囊 5

情境描述 常常說要減少使用網路時間，但總是無法做到。

繼續玩…

孩兒

"保證"不玩了!!

第一天 | 第二天

小錦囊 當同學遇到上述狀況時，我可以嘗試這樣做……

如：我可以約他一起做計畫表，順便當他的小天使，幫他打氣或協助執行計畫。

智慧小錦囊 6

情境描述 除了上網什麼事情都不想做。

不准給我玩

好無聊

小錦囊 當同學遇到上述狀況時，我可以嘗試這樣做……

如：我可以找他一起打球或是做一些更有趣的事情。

智慧小錦囊 7

情境描述 片刻都無法離開電腦……

小錦囊 當同學遇到上述狀況時,我可以嘗試這樣做……

如:我可以找他一起聊聊他感到有趣的事情或一起運動。

智慧小錦囊 8

情境描述 當師長介入使用網路,常發生強烈的對抗。

小錦囊 當同學遇到上述狀況時,我可以嘗試這樣做……

如:我可以跟他分享我或他人的個人經驗,好好的說明師長的用心。

智慧小錦囊 9

情境描述 無論何時何地,滿腦子都是想著網路的事情。

小錦囊 當同學遇到上述狀況時,我可以嘗試這樣做……

如:我可以找他做一些有益身心健康的活動,像是看電影或是打球,以轉移他的注意力。

智慧小錦囊 10

情境描述 因為過度使用網路,現實生活中的朋友逐漸遠離。

小錦囊 當同學遇到上述狀況時,我可以嘗試這樣做……

如:我會主動找他聊天或參與活動,就算他不理我,我還是會再嘗試幾次。

智慧小錦囊 11

情境描述 上網時間愈來愈長,但自己卻沒有察覺。

小錦囊 當同學遇到上述狀況時,我可以嘗試這樣做……

電量100%
6:00am

電量60%
9:00am

電量100%
6:00am

電量 2 %
14:59am

如:我會找機會跟他聊聊,讓他察覺自己使用電腦的時間過長。

智慧小錦囊 12

情境描述 除了網路遊戲,對其他話題感到無聊。

小錦囊 當同學遇到上述狀況時,我可以嘗試這樣做……

如:我可以從網路話題開始跟他建立良好的互動關係。

智慧小錦囊 13

情境描述 因為長期不當且過度使用網路，身體開始出現不適反應，像是眼睛酸，或全身酸痛。

小錦囊 當同學遇到上述狀況時，我可以嘗試這樣做……

如：我可以陪他一起去健康中心請教校護相關問題。

智慧小錦囊 14

情境描述 無時無刻都無法離開電腦或 3C 產品。

小錦囊 當同學遇到上述狀況時，我可以嘗試這樣做……

如：我可以找一些他可能有興趣的活動跟他一起做，像是可以找他一起打球。

智慧小錦囊 15

情境描述 常常答應師長要調整使用 3C 產品，卻總是半途而廢！

小錦囊 當同學遇到上述狀況時，我可以嘗試這樣做……

如：我可以當他的小天使，適時提醒他。

智慧小錦囊 16

情境描述 沉迷網路遊戲，以至於長期請假或曠課。

小錦囊 當同學遇到上述狀況時，我可以嘗試這樣做……

如：我會不定期打電話或是在網路上找他聊天。

智慧小錦囊 17

情境描述 生活除了網路遊戲，其他事情都不在意。

小錦囊 當同學遇到上述狀況時，我可以嘗試這樣做……

如：我可以與同學一起找他玩，如運動或是外出踏青。

智慧小錦囊 18

情境描述 旁人看他過度使用電腦，但他自認為適當使用電腦！

小錦囊 當同學遇到上述狀況時，我可以嘗試這樣做……

如：我可以跟他聊聊他每天的活動時程，讓他察覺自己的生活被網路占據多少時間。

智慧小錦囊 19

情境描述 熬夜上網或是清晨仍在上網！

小錦囊 當同學遇到上述狀況時，我可以嘗試這樣做⋯⋯

> 如：我會定時提醒他睡覺或是約他一起上學。
>

智慧小錦囊 20

情境描述 長期缺課，成績大幅滑落，永遠在罰寫與補交作業！

小錦囊 當同學遇到上述狀況時，我可以嘗試這樣做⋯⋯

> 如：我會主動協助他完成功課。

智慧小錦囊 21

情境描述 若被中斷使用電腦，容易情緒失控！

小錦囊 當同學遇到上述狀況時，我可以嘗試這樣做……

如：我會跟他分享我的個人經驗，大家一起討論找出比較好的溝通方法。

（孩子~去幫我買醬油來）

（妳是沒看到我在玩電腦衝等喔!!）

智慧小錦囊 22

情境描述 被禁止接觸電腦或網路時，會感到心情低落！

小錦囊 當同學遇到上述狀況時，我可以嘗試這樣做……

如：我會主動找他做些讓他感到有趣的事情。

（爸媽沒事幹嘛禁止我玩電腦煩死了~逼我上學）

煩死了

智慧小錦囊 23

情境描述 除了網路遊戲，對於其他事情都不願意參與。

小錦囊 當同學遇到上述狀況時，我可以嘗試這樣做……

如：我會定期跟他分享班上有趣的事情，和其他同學一起鼓勵他多參與班務，如拔河比賽、合唱團等。

智慧小錦囊 24

情境描述 因為過度使用網路，生活作息大亂。

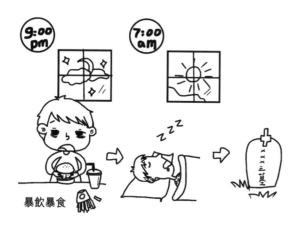

小錦囊 當同學遇到上述狀況時，我可以嘗試這樣做……

如：我可以約他一起去跟校護或是健體老師討論相關議題。

智慧小錦囊 25

情境描述 因為過度使用網路，常常忘記寫功課！

小錦囊 當同學遇到上述狀況時，我可以嘗試這樣做……

> 如：我可以主動找他一起討論功課或是提醒他交作業的時間。
>
>

智慧小錦囊 26

情境描述 時時刻刻都緊貼著電腦，無法離開。

小錦囊 當同學遇到上述狀況時，我可以嘗試這樣做……

> 如：下課時，我會找他一起打球或是下棋，做些他感到有興趣的事情。
>
>

智慧小錦囊 27

情境描述 雖總是自我檢討要減少使用電腦的時間，仍難以忘懷網路遊戲。

小錦囊 當同學遇到上述狀況時，我可以嘗試這樣做⋯⋯

如：我會跟他做約定，幫他打氣，慢慢減少使用電腦的時間。

智慧小錦囊 28

情境描述 因迷戀電腦、網路遊戲後，過去感興趣的活動都意興闌珊。

小錦囊 當同學遇到上述狀況時，我可以嘗試這樣做⋯⋯

如：我可以找他一起參與活動（一起參加畫畫比賽），讓他重拾熱情。

智慧小錦囊 29

情境描述 與班上同學互動愈來愈少，自認網路上有很多朋友。

小錦囊 當同學遇到上述狀況時，我可以嘗試這樣做……

> 如：我會與同學主動在他上學期間找他一起打球或是聊天。
>

智慧小錦囊 30

情境描述 因為突發事件而無法使用電腦會情緒失控。

小錦囊 當同學遇到上述狀況時，我可以嘗試這樣做……

> 如：我可以與他分享我個人的經驗，一起討論遇到類似事情時，可以採取最適當的方法。
>

智慧小錦囊

情境描述 _____

_____（具體事件描述）

小錦囊 _____

（本頁可自行影印使用）

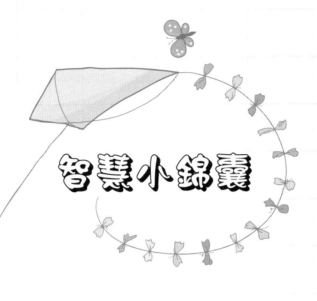

智慧小錦囊

家長篇

悄悄話

孩子在發生事情前都有徵兆，家長可以就所「看」到、「聽」到的具體事件找出可能發生的原因及可以嘗試解決的方法（家長可以獨力完成，也能找學校導師／輔導老師一起合作完成）。

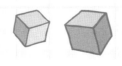

智慧小錦囊 1

我看到（what）……

每天一回家，就掛在電腦前。

這可能是（why）……

我可以嘗試這樣做（how）……

我已經盡可能試過上述幾種方法，但仍未見改善，我可以找＿＿＿＿＿＿（who）協助。

智慧小錦囊 2

我看到（what）……

使用電腦時間愈來愈長。

這可能是（why）……

我可以嘗試這樣做（how）……

我已經盡可能試過上述幾種方法，但仍未見改善，我可以找＿＿＿＿＿＿（who）協助。

智慧小錦囊 3

我看到（what）……

常常因為使用電腦與手機問題，跟我起衝突。

這可能是（why）……

我可以嘗試這樣做（how）……

我已經盡可能試過上述幾種方法，但仍未見改善，我可以找＿＿＿＿＿＿（who）協助。

智慧小錦囊 4

我看到（what）……

手機費用暴增。

這可能是（why）……

我可以嘗試這樣做（how）……

我已經盡可能試過上述幾種方法，但仍未見改善，我可以找＿＿＿＿＿＿（who）協助。

智慧小錦囊 5

我看到（what）……

連吃飯時間也要掛在電腦前。

這可能是（why）……

我可以嘗試這樣做（how）……

我已經盡可能試過上述幾種方法，但仍未見改善，我可以找＿＿＿＿＿＿（who）協助。

智慧小錦囊 6

我看到（what）……

在家不論上廁所或吃飯時間，總是低頭滑手機。

這可能是（why）……

我可以嘗試這樣做（how）……

我已經盡可能試過上述幾種方法，但仍未見改善，我可以找＿＿＿＿＿＿（who）協助。

智慧小錦囊 7

我看到（what）……

電腦壞了沒有立刻修好，就會大發脾氣。

這可能是（why）……

我可以嘗試這樣做（how）……

我已經盡可能試過上述幾種方法，但仍未見改善，我可以找＿＿＿＿＿＿（who）協助。

智慧小錦囊 8

我看到（what）……

常常半夜偷偷起來玩電腦。

這可能是（why）……

我可以嘗試這樣做（how）……

我已經盡可能試過上述幾種方法，但仍未見改善，我可以找＿＿＿＿＿＿（who）協助。

智慧小錦囊 9

我看到（what）……

常常因為晚上玩電腦，以至於早上起不來，上學遲到。

這可能是（why）……

我可以嘗試這樣做（how）……

我已經盡可能試過上述幾種方法，但仍未見改善，我可以找＿＿＿＿＿＿（who）協助。

智慧小錦囊 10

我看到（what）……

常常流連網咖，迷戀線上遊戲，與現實生活脫節。

這可能是（why）……

我可以嘗試這樣做（how）……

我已經盡可能試過上述幾種方法，但仍未見改善，我可以找＿＿＿＿＿＿（who）協助。

46

智慧小錦囊

我看到（具體事情）……

這可能是（澄清事實）……

我可以嘗試這樣做（可行方法）……

我已經盡可能試過上述幾種方法，但仍未見改善，我可以找＿＿＿＿＿＿（人或單位）協助。

（本頁可自行影印使用）

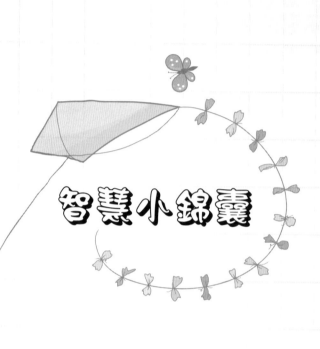

智慧小錦囊

導師篇

 悄悄話

　　學生在發生事情前都有徵兆，導師可以就所「看」到、「聽」到的具體事件找出可能發生的原因及可以嘗試解決的方法（導師可以獨力完成，也可以找輔導老師或特教老師共同討論）。

智慧小錦囊 1

我看到（what）……

到校時間愈來愈晚。

這可能是（why）……

我可以嘗試這樣做（how）……

我已經盡可能試過上述幾種方法，但仍未見改善，我可以找＿＿＿＿＿＿＿（who）協助。

智慧小錦囊 2

我看到（what）……

上課愈來愈沒精神。

這可能是（why）……

我可以嘗試這樣做（how）……

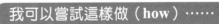

我已經盡可能試過上述幾種方法，但仍未見改善，我可以找＿＿＿＿＿＿＿（who）協助。

智慧小錦囊 3

我看到（what）……

下課時間常常一個人，跟同學之間，除了網路遊戲愈來愈沒話題。

這可能是（why）……

我可以嘗試這樣做（how）……

我已經盡可能試過上述幾種方法，但仍未見改善，我可以找＿＿＿＿＿（who）協助。

智慧小錦囊 4

我看到（what）……

課業長期低落，無心課業。

這可能是（why）……

我可以嘗試這樣做（how）……

我已經盡可能試過上述幾種方法，但仍未見改善，我可以找＿＿＿＿＿（who）協助。

智慧小錦囊 5

我看到（what）……

對班務參與度逐漸降低，只關心網路遊戲。

這可能是（why）……

我可以嘗試這樣做（how）……

我已經盡可能試過上述幾種方法，但仍未見改善，我可以找＿＿＿＿＿＿（who）協助。

智慧小錦囊 6

我聽到（what）……

家長說晚上熬夜玩電腦，早上起不來，所以遲到。

這可能是（why）……

我可以嘗試這樣做（how）……

我已經盡可能試過上述幾種方法，但仍未見改善，我可以找＿＿＿＿＿＿（who）協助。

智慧小錦囊 7

我聽到（what）……

家長說一放學就衝到網咖，甚至深夜還不回家。

這可能是（why）……

我可以嘗試這樣做（how）……

我已經盡可能試過上述幾種方法，但仍未見改善，我可以找_____（who）協助。

智慧小錦囊 8

我聽到（what）……

家長說無法制止他玩電腦，常常因此起衝突。

這可能是（why）……

我可以嘗試這樣做（how）……

我已經盡可能試過上述幾種方法，但仍未見改善，我可以找_____（who）協助。

智慧小錦囊 9

我聽到（what）……

同學說遊戲等級很高，花很多錢買遊戲中的裝備。

這可能是（why）……

我可以嘗試這樣做（how）……

我已經盡可能試過上述幾種方法，但仍未見改善，我可以找＿＿＿＿＿＿（who）協助。

智慧小錦囊 10

我聽到（what）……

同學不管何時上線，都可發現他還掛在網路上。

這可能是（why）……

我可以嘗試這樣做（how）……

我已經盡可能試過上述幾種方法，但仍未見改善，我可以找＿＿＿＿＿＿（who）協助。

智慧小錦囊

我看（聽）到具體事情……

這可能是（澄清事實）……

我可以嘗試這樣做（可行方法）……

我已經盡可能試過上述幾種方法，但仍未見改善，我可以找＿＿＿＿＿＿（人或單位）協助。

（本頁可自行影印使用）

叮嚀小語

個案

♥ 網路只是工具，適當運用即可。

♥ 使用過度必傷身，要適當休息，做好時間管理。

♥ 適時走出戶外，與家人、親友互動，人生會更美好。

師長

♥ 良性溝通，非一昧禁止。

♥ 協助孩子做好時間管理，適時提醒，而非一再責備。

♥ 共同規劃適合孩子的休閒活動，共創美好生活。

筆記欄

筆記欄

融合之愛系列 67012

叮咚，你在嗎？網路是我的家：學習手冊

作　　　者：孟瑛如、王銘涵

執行編輯：高碧嶸

總　編　輯：林敬堯

發　行　人：洪有義

出　版　者：心理出版社股份有限公司

地　　　址：231 新北市新店區光明街 288 號 7 樓

電　　　話：(02) 29150566

傳　　　真：(02) 29152928

郵撥帳號：19293172 心理出版社股份有限公司

網　　　址：http://www.psy.com.tw

電子信箱：psychoco@ms15.hinet.net

駐美代表：Lisa Wu（lisawu99@optonline.net）

排　版　者：龍虎電腦排版股份有限公司

印　刷　者：辰皓國際出版製作有限公司

初版一刷：2016 年 6 月

全套含繪本及學習手冊，定價：新台幣 350 元

學習手冊可單獨添購，定價：新台幣 100 元

在3C產品充斥的社會環境裡，人們的問候語不再是：「你好嗎？」反而被「叮咚」聲所取代，低頭滑手機成為大家相聚必見的動作；人們寧可在虛擬世界互動，也不願抬頭與周遭的家人朋友話家常。你是否願意暫放下手機，與家人朋友聊天說笑……重新找回人與人面對面相處的那份感動？

心理出版社網站
http://www.psy.com.tw

ISBN 978-986-191-725-2
00350

9 789861 917252

（全套含繪本及學習手冊）